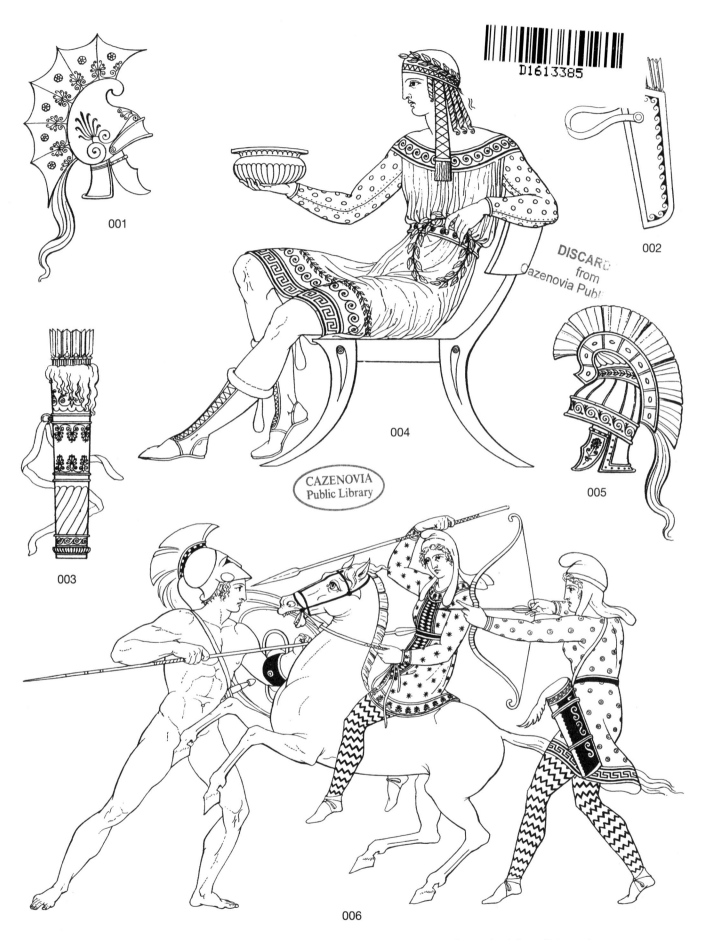

001, 005. Phrygian helmets. 002, 003. Phrygian quivers. 004. Phrygian attired for religious rites.
006. Theseus, Hippolyta, and Deinomache.

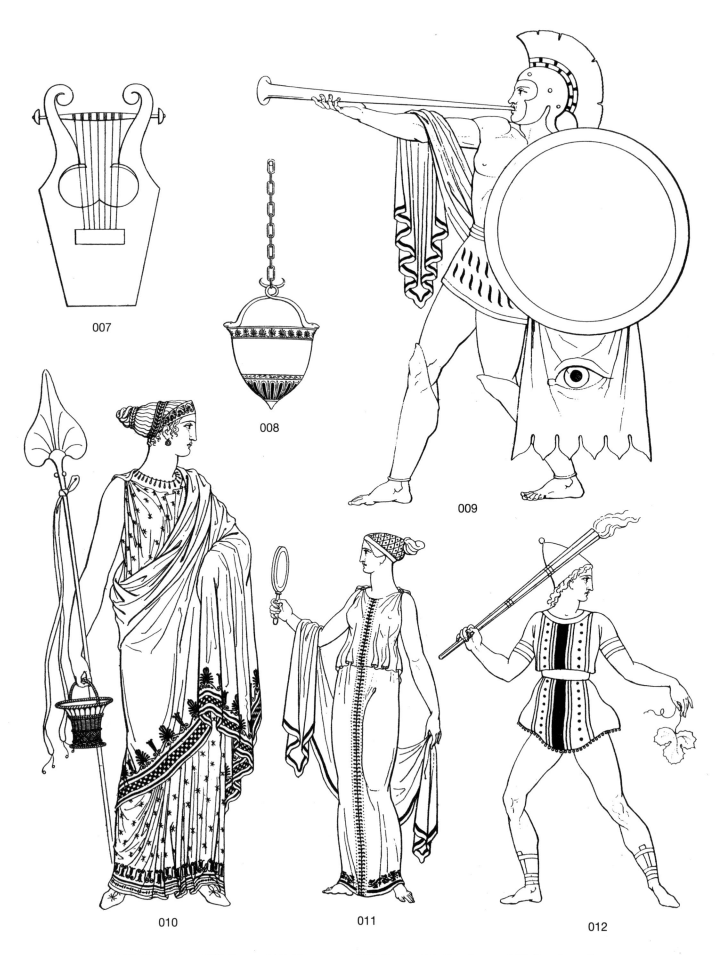

007. Phorminx. **008.** Lamp. **009.** Trumpeter. **010.** Lady. **011.** Bacchante. **012.** Bacchanalian.

013

015

014

016

018

017

019

020

021

013, 014, 017, 019, 021. Helmets. **015.** Vase. **016.** Patera. **018.** Lamp. **020.** Vase with bacchanalian.

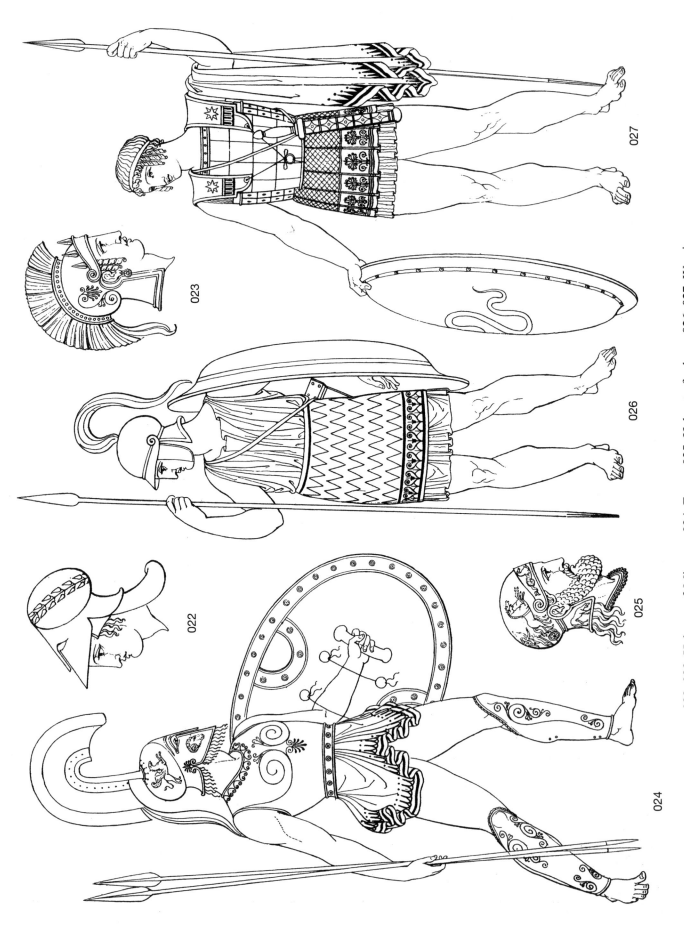

027

023

026

025

024

022

022, 023. Helmets of Minerva. **024.** Eneas. **025.** Helmet of a hero. **026, 027.** Warriors.

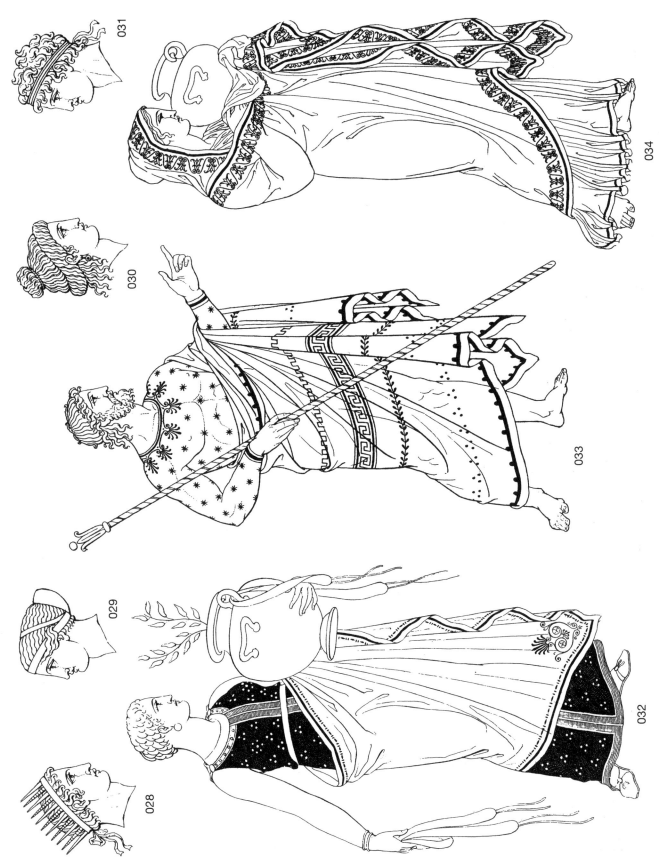

028, 031. Ptolemies. **029, 030.** Queens. **032.** Electra in mourning for Orestes. **033.** Jupiter. **034.** Lady going to perform funeral rites.

031

030

029

028

034

033

032

035. Ptolemy. **036.** Helmet. **037, 041.** Ladies dancing. **038.** Bacchanalians. **039.** Queen. **040.** Ladies.

042

043

044

045

ΠΟΤΑΜΩΝΟΣ
ΤΩ ΛΕΣΒΟΝΑΚΤΟΣ
ΠΡΟΕΔΡΙΑ

046

047

048

049

050

051

052   053   054

042–044. Fictile vases. **045, 051.** Marble chair of Potamon, the Lesbian rhetorician. **046–048.** Vases. **049.** Ornament.
050. Minerva. **052.** Tripod. **053.** Candelabra. **054.** Chair.

055. Helmet of Minerva. **056.** Jupiter. **057.** Teban bow case. **058.** Diana. **059.** Victorious warrior descended from his car.

060. Muse. **061.** Terra-cotta jug. **062.** Bacchante presenting the sacred fillet.
063. Bacchante carrying torches. **064.** Headdress. **065.** Ceres.

066, 069, 072. Headdresses. **067.** Jupiter. **068.** Apollo. **070.** Diana Succincta. **071.** Warrior in his travelling dress, with his petasus, or hat, thrown back on his shoulder. **073.** Priestess of Ceres carrying a torch.

074–076. Masks of fauns and bacchante. **077, 078.** Amphorae. **079.** The Jynx, a bird introduced in bacchanalian processions. **080, 082.** Rhytons, or drinking horns. **081.** Thyrsuses, one with a top of ivy leaves, the other with a pine cone, a tambourine, and cymbals. **083.** Patera. **084.** Bacchanalian reclined on a couch holding a thyrsus with a tripod and candelabra by his side.

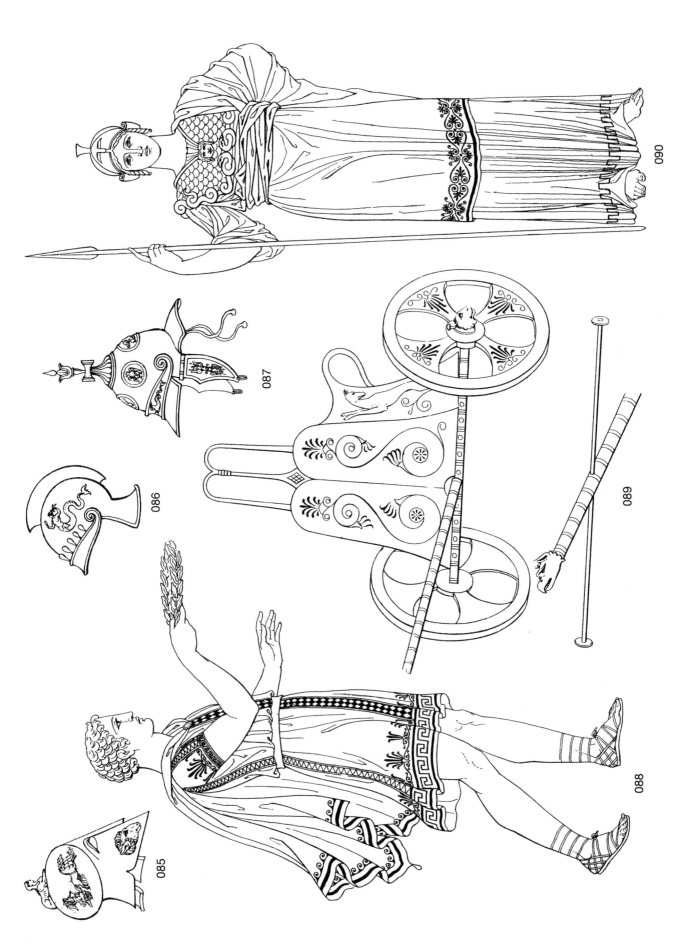

085–087. Helmets. **088.** Victor in the chariot race. **089.** Car or chariot used in the games. **090.** Minerva.

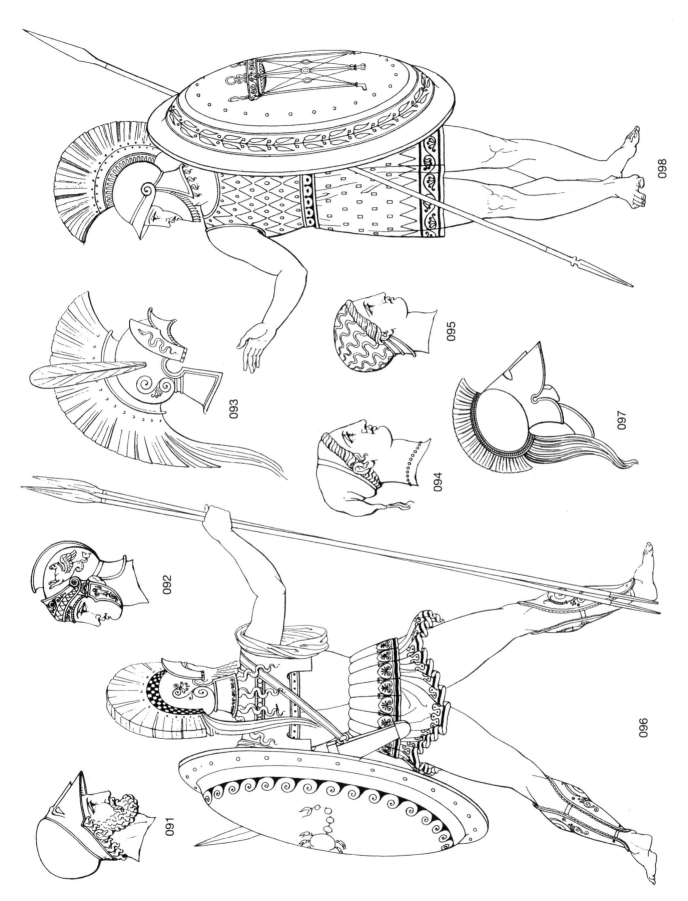

091–093, 097. Helmets. 094. Headdress. 095. Headdress of the kind worn by Ulysses. 096, 098. Warriors.

099, 101, 103. Various busts of the Indian, or bearded, Bacchus. **100.** Apollo. **102.** Headdress of the kind worn by Ulysses. **104.** Headdress. **105.** Lady. **106.** Priest of Bacchus. **107.** Nymph in the old style of attire.

108, 111. Scrolls. **109.** Headdress. **110.** Ornament. **112.** Minerva. **113.** Priestess.
114, 116. Peasants. **115, 117.** Ladies.

118, 120, 121, 123. Helmets. **119.** Warrior. **122.** Headdress. **124.** Sword in a scabbard.
125. Greek warrior skulking behind his shield.

126. Theban bow case. **127.** Theban shield. **128.** Warrior with the visor of his helmet drawn over his face.
129, 130. Headdresses. **131, 132.** Helmets. **133.** Herald.

134. Warrior. 135, 137. Headdresses. 136. Bacchante with the rod of sesamum.
138. Lady flute player such as went about playing at entertainments.

138

137

136

135

134

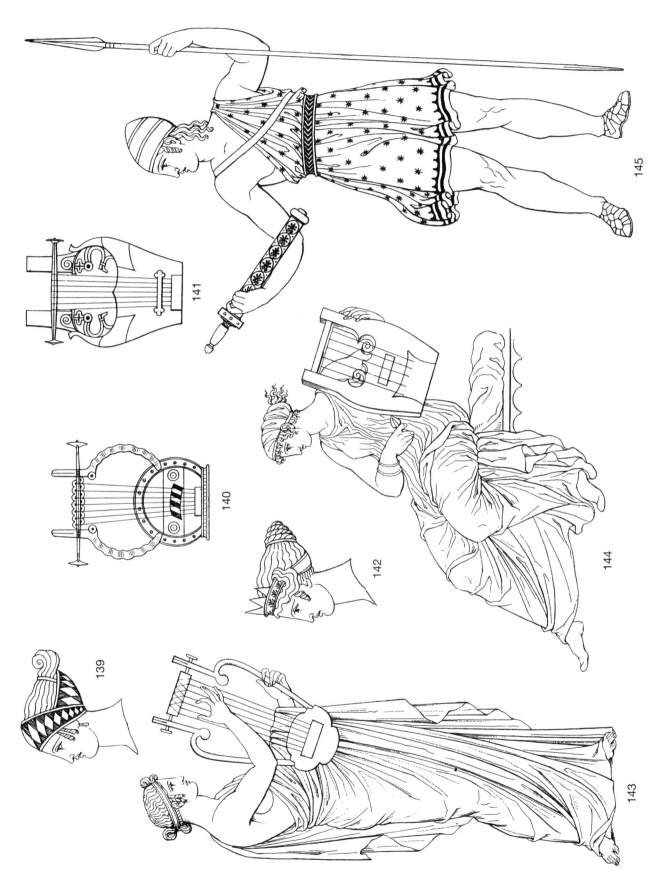

139, 142. Headdresses. **140, 141.** Varieties of the great lyre or phorminx. **143.** Erato. **144.** Lady with lyre and plectrum. **145.** Squire or attendant on a warrior.

146, 149. Varieties of the great lyre or phorminx. 147, 148. Bacchanalians. 150. The trigonon.
151. Tambourine and lyre. 152. Warrior. 153. Bacchante dancing. 154. The cithara.

155

156

157

158

155. Vase. **156.** Lady seated, with her umbrella, footstool, and pyxis, or jewel box.
157. Minerva. **158.** Reception of Bacchus.

159. Lady dancing and playing on the lyre. **160.** Diana. **161.** Lady. **162.** Lyre. **163.** Helmet. **164.** Jupiter.

165–167, 169, 171. Scenic masks. **168.** Sword. **170, 174.** Diana. **172.** Lady. **173.** Scabbard.

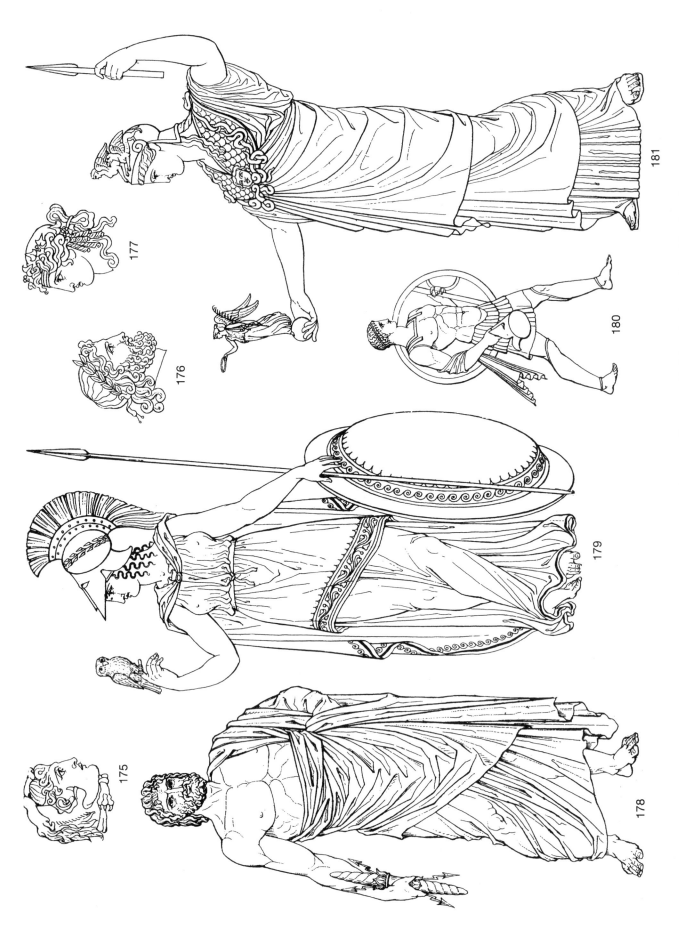

175. Hercules. 176, 178. Jupiter. 177. Bacchus. 179, 181. Minerva. 180. Mars in the ancient Greek style.

182 183 184 185 186 187 188

182–184. Headdresses. 185. Bacchante with the thyrsus. 186. Ceres with the mitra. 187. Bacchante sounding the crotals. 188. Juno.

189, 190. Lyres. **191, 194, 197.** Ladies. **192.** Flute. **193.** Cybele. **195.** Jupiter Ammon. **196.** Cymbals.

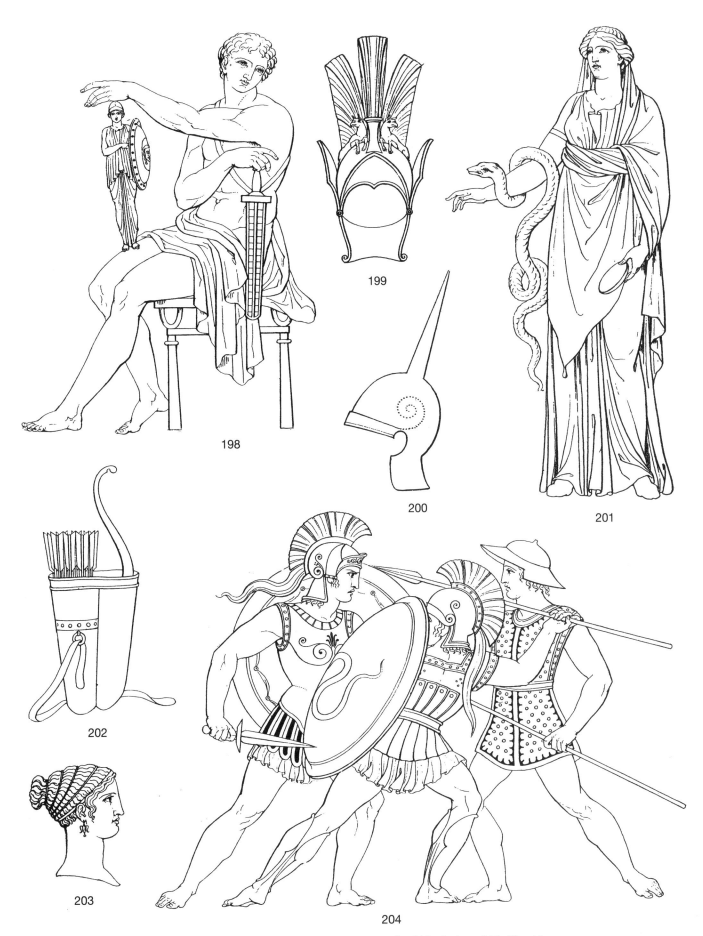

198. Diomedes. **199, 200.** Helmets. **201.** Hygeia. **202.** Quiver. **203.** Headdress.
204. Combatants separated by a herald.

205. Theban shield. **206.** Helmet. **207.** Cybele. **208.** Headdress. **209.** Comedian. **210.** Flute. **211.** Lady.

212. Helmet. 213, 214, 216. Headdresses. 215. Erato. 217. Juno wearing the diplax.
218. Variety of the great lyre or phorminx. 219. Aesculapius.

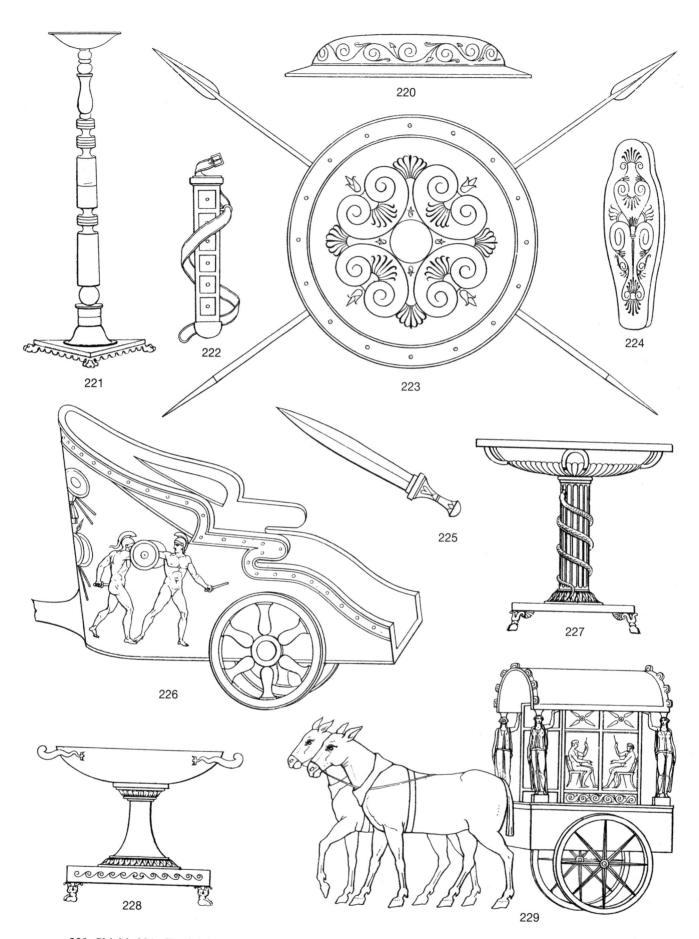

220. Shield. **221.** Candelabra. **222.** Scabbard. **223.** Shield with spears. **224.** Greave. **225.** Sword. **226.** Biga. **227, 228.** Pateras. **229.** Itinerant sanctuary.

230, 231, 233. Soldiers. 232. Headdress. 234, 235, 237. Sarcophagi. 236. Officer.

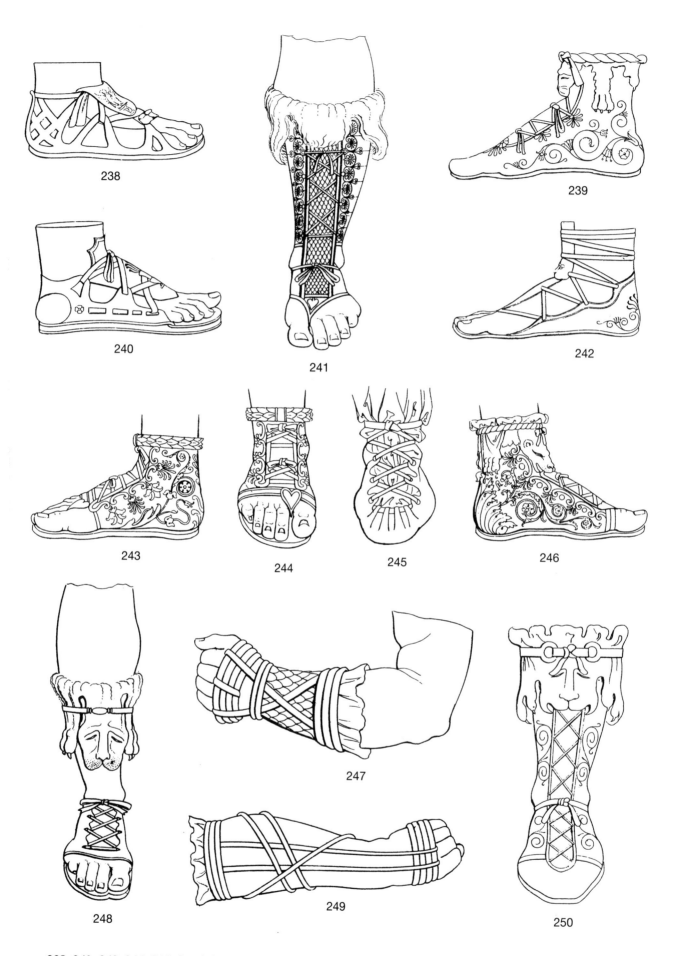

238–240, 242–244, 246. Sandals. **241, 245, 248, 250.** Buskins. **247, 249.** Gloves worn by the pancratiasts.

251   253   252

254   255

256   257   258

251, 252. Cuirasses worn by the night watches of the Capitol. **253, 257.** Soldiers. **254.** Imperial cuirass.
255. Jacket worn by the night watches of the Capitol. **256.** Dacian cuirass. **258.** Cuirass.

259. Headdress. **260.** Emperor in the character of Frater Arvalis. **261.** Emperor. **262.** Emperor Constans. **263, 264.** Generals.

265, 266, 270. Empresses. 267. General. 268. Faustina, wife of Antoninus Pius. 269. Empress in the character of Ceres.

271, 272. Ladies. **273, 275.** Lavacrum or bath. **274.** Orator. **276.** Marcus Aurelius. **277, 279.** Altars.
278. Sarcophagus adorned with the fasces. **280.** Inferia for libations of milk.

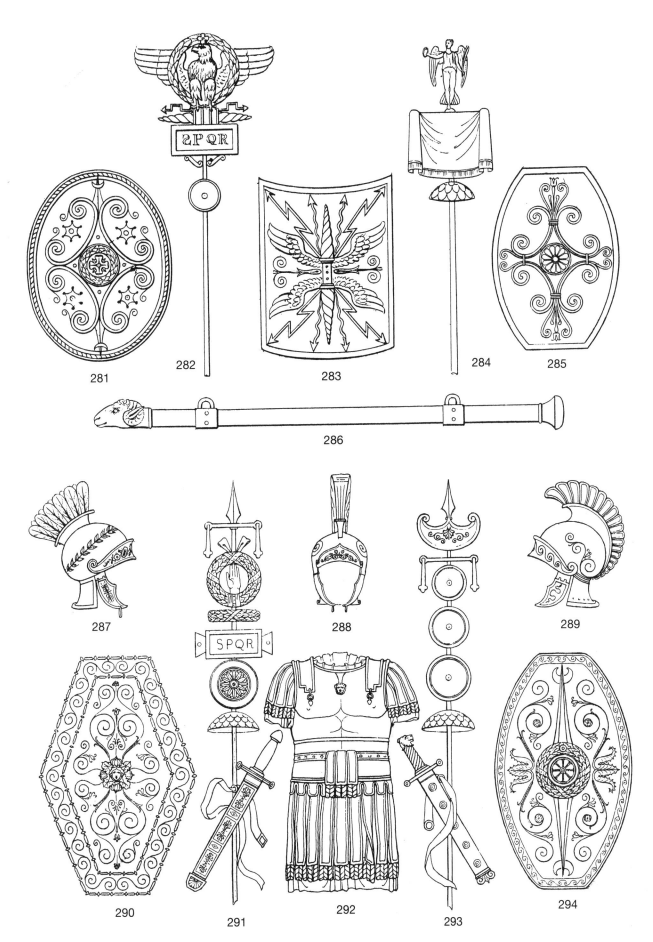

281, 283, 285, 290, 294. Shields. **282, 284, 291, 293.** Standards. **286.** Battering ram.
287–289. Helmets. **292.** Armor.

295. Flamen. **296.** Cuirass. **297.** Headdress. **298.** Emperor assisting at a sacrifice in his paludamentum.
299. Soldier. **300.** Standard bearer. **301.** Camillus, or assistant at sacrifices.

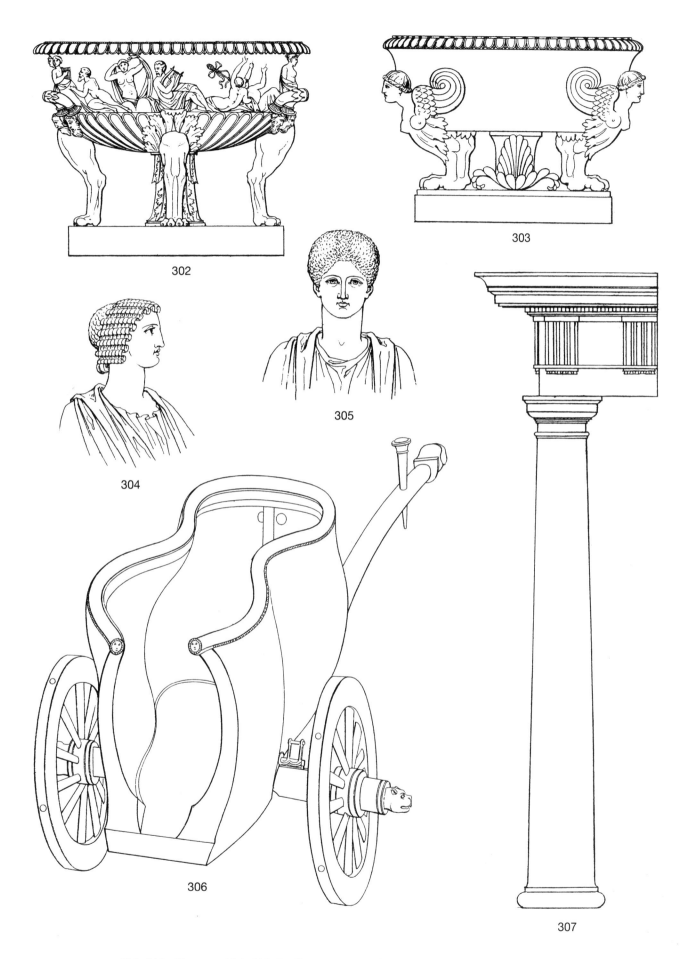

302, 303. Cisterns. **304, 305.** Ladies. **306.** Car of bronze. **307.** Architectural order.

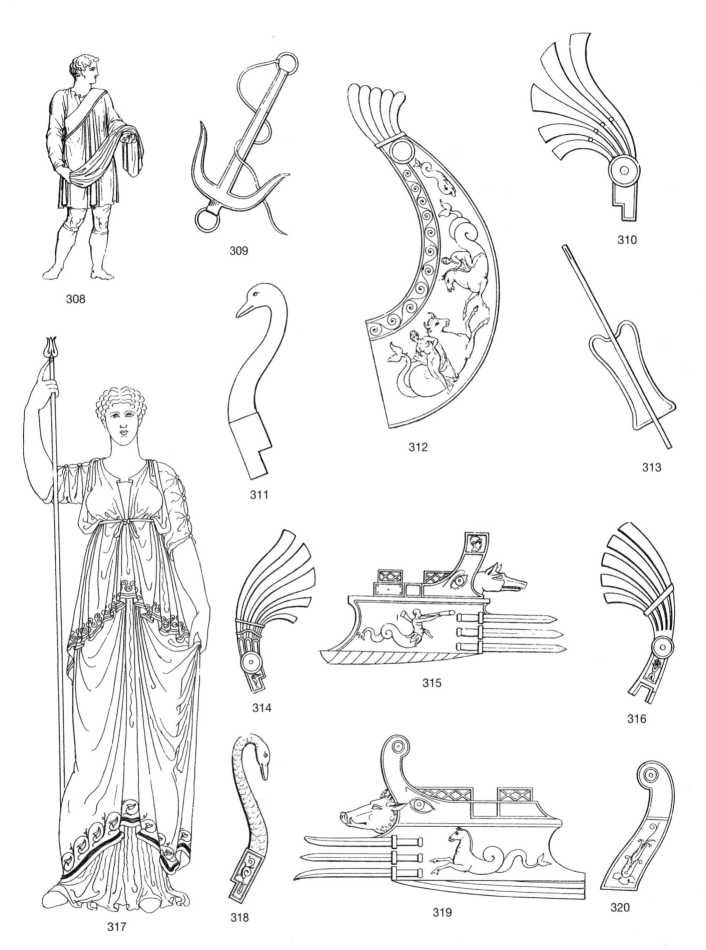

308. Knight in the trabea. **309, 313.** Anchors. **310, 314, 316.** Aplustrum, or ornaments of a poop.
311, 318, 320. Cheniscus, or ornament of the prow. **312.** Rudder. **315, 319.** Prow armed with the rostrum. **317.** Empress.

321

322

323

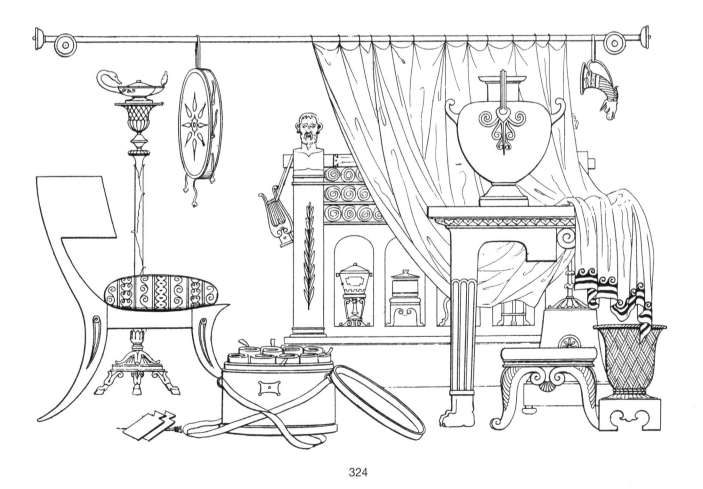

324

321, 323. Chairs. **322.** Tripod. **324.** Study with scrolls or volumina, tablets for writing, chair, table, lamp, etc.

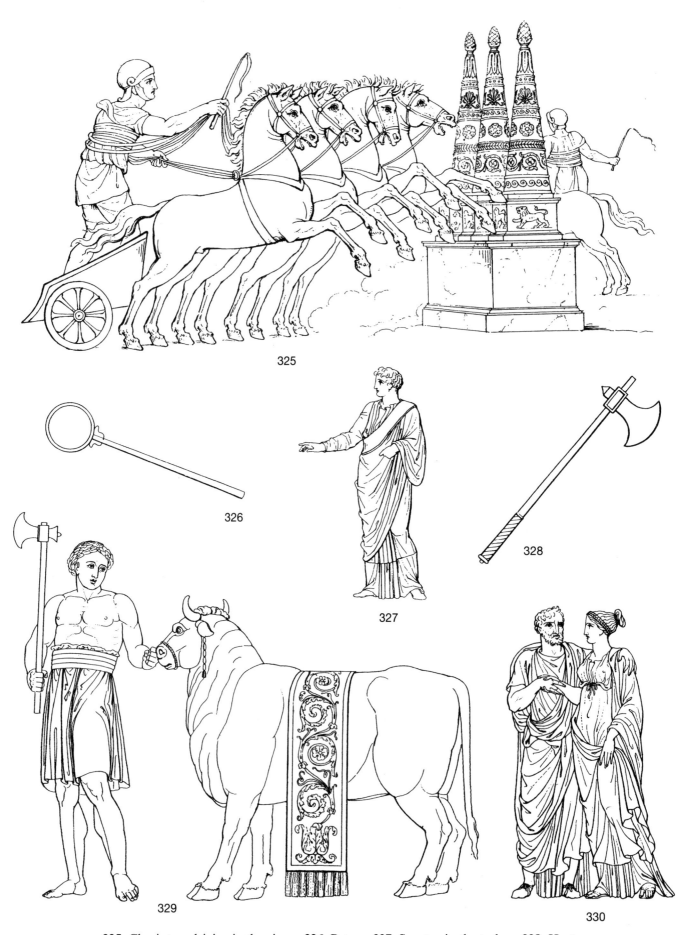

325. Charioteer driving in the circus. **326.** Patera. **327.** Senator in the trabea. **328.** Hasta.
329. Bull adorned for sacrifice. **330.** Dresses.

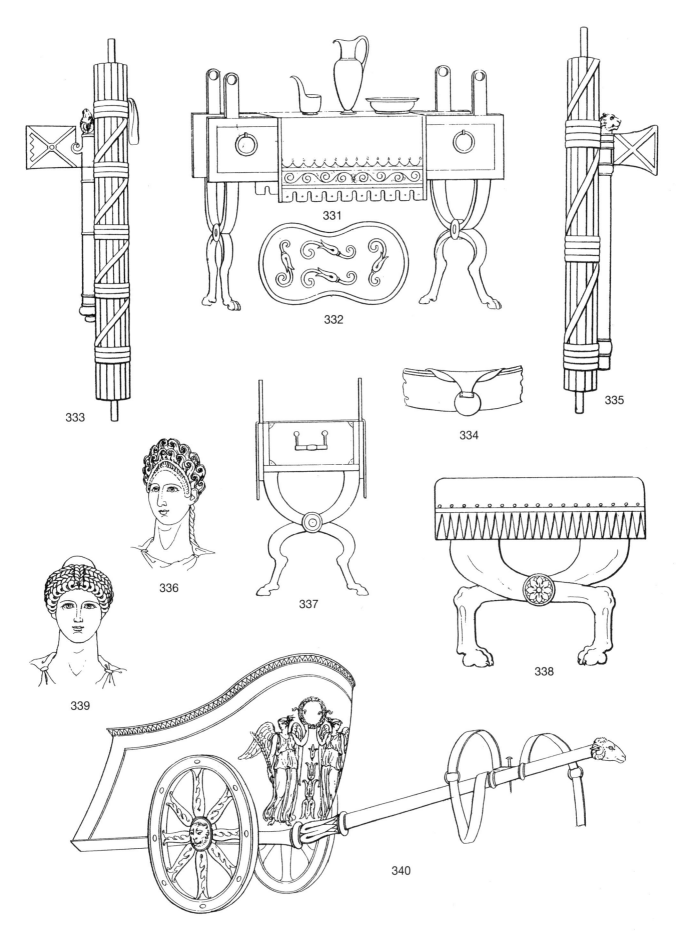

331, 337. Lectisterniums. **332.** Ancile, or shield of the Salian priests. **333, 335.** Fasces. **334.** Bulla.
336, 339. Headdresses. **338.** Curule chair. **340.** Triumphal car.

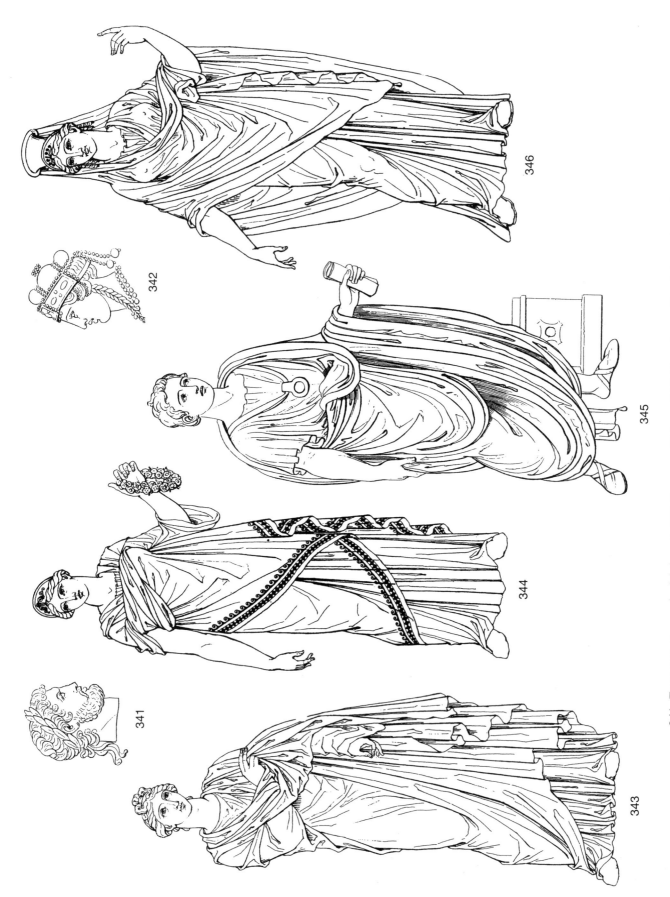

341. Emperor crowned with laurel. **342.** Empress Helena. **343.** Faustina, wife of Antoninus Pius. **344.** Flora. **345.** Youth with the bulla. **346.** Fortune.

347, 348, 350. Empresses. 349. Nemesis. 351. Empress with the attributes of plenty.

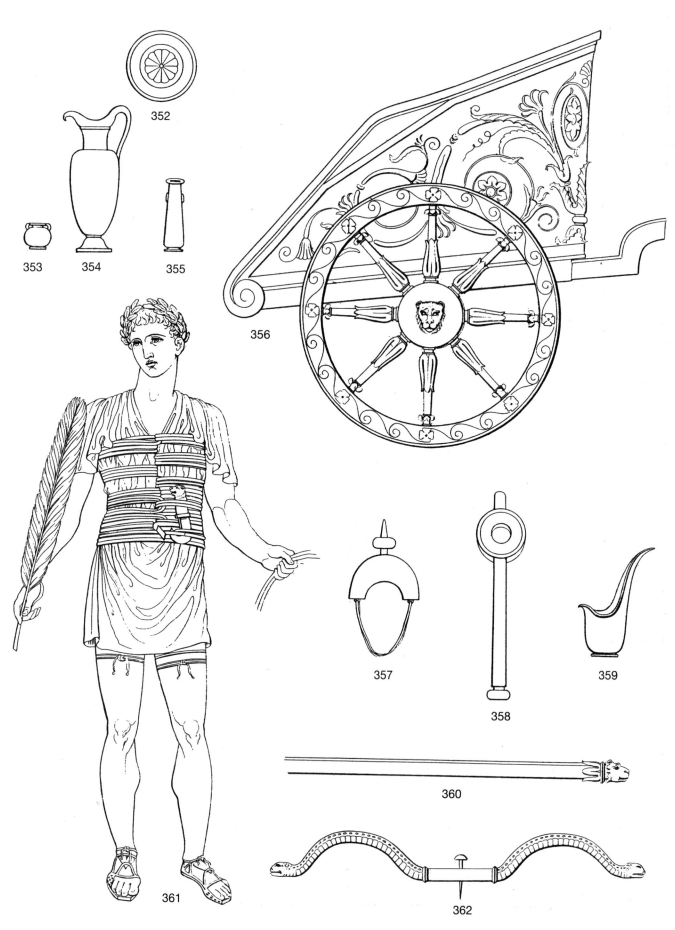

352–355, 357–359. Sacrificial instruments. **356.** Biga. **360.** Pole from a biga.
361. Victorious auriga or driver in the games of the circus. **362.** Yoke from a biga.

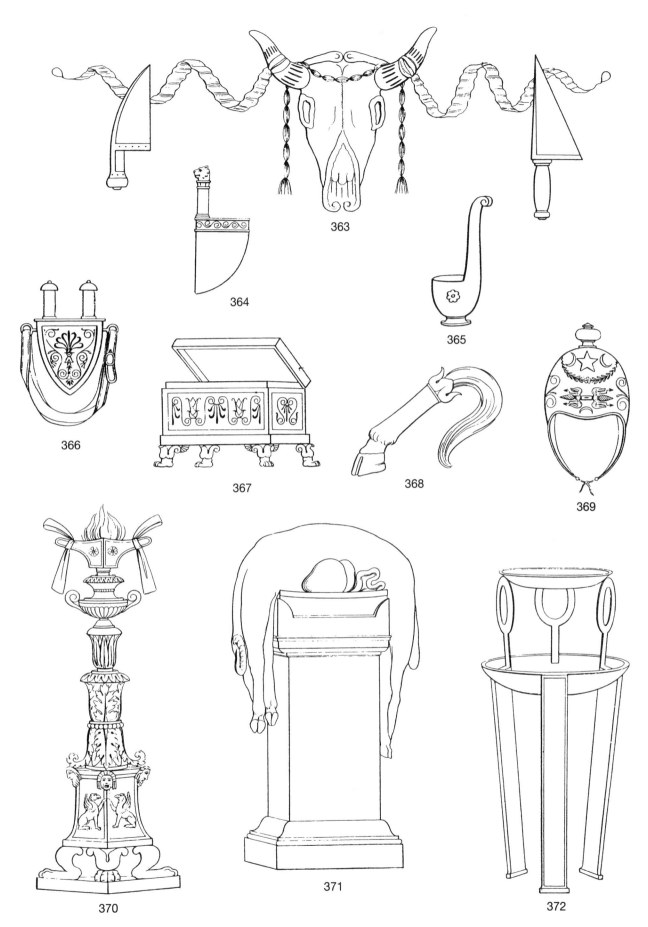

363. Sacrificial instrument. **364.** Dolabrum. **365.** Simpulum for lustral water. **366.** Dolabra.
367. Acerra, or incense box. **368.** Aspergillum. **369.** Flamen's helmet. **370.** Candelabra. **371.** Altar. **372.** Tripod.

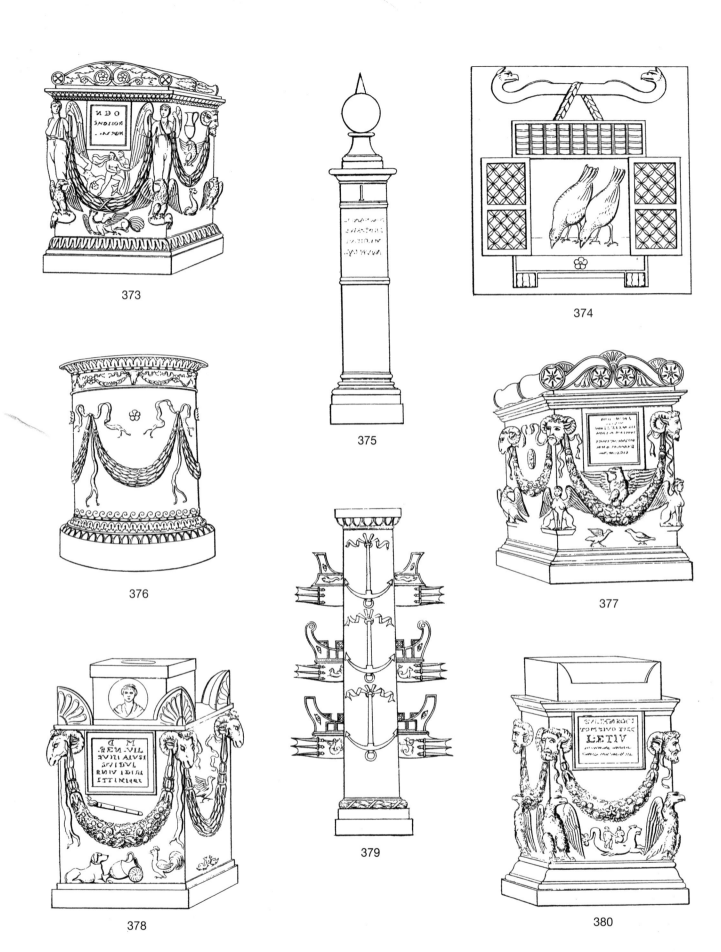

373

374

375

376

377

378

379

380

373, 377, 378, 380. Sarcophagi. **374.** Cage of the sacred pullets.
375. Milestone. **376.** Altar. **379.** Naval column.